Let's face it, we've all failed. Maybe not on a grand scale, but in some way, shape or form, we've screwed up.

面對現實吧！

我們都失敗了。

也許不是一敗塗地，但在某些方面、

以某種形式、在某種狀態下，

我們確實搞砸了。

除非你自戀到不行，不然你一定曾經覺得自己很失敗。

這麼說起來，說某人或事某物「失敗」，到底是什麼意思？

「失敗」在字典上的定義是「沒有成功」。換句話說，包含了從小失誤到淒慘完敗之間的各種程度。

這樣的話，要是我們顛覆這種目光短淺的定義又會怎樣？或者乾脆把失敗重新想像成通往成功創新的新路徑，而不是毀滅？也許那些錯誤及各種差池，根本不是凡人的頭號大敵，而是一種必要條件，以創造讓人心跳撲通撲通的新事物？

我在創意領域工作了三十年，經驗告訴我，沒有人是不失敗的。就算你再怎麼棒再怎麼成功、要多美麗有多美麗、說多天才有多天才，也一樣沒有人可以受眾神寵愛到一種永不失敗的境界。

任何一個嘗試過做新事的人，大概都有一櫃子不怎麼樣的失敗之作，收過許許多多的拒絕信，還有很多次被人忽視、被當壁紙的經驗。

你問我本人嗎？身為藝術家、設計師的我搞砸過。身為藝術總監的時候也是。還有當攝影師、編輯或是策展人的時候也不例外。不管我嘗試做過什麼，我都失敗過。

幾十年來我看著（並且幫忙）大型廣告公司，在摻了水的、他們所謂的完美中奮力泅泳。我再清楚不過，那些一般般的、好像很懂的路徑會通往什麼樣的「了無生趣」──無聊的建築物、無聊的看板、無聊的設計，還有無聊的人。

為了避免錯誤就不冒任何風險，這種做法可能不會惹怒你的老闆或是客戶，但也不會為你帶來更多的讚賞。打安全牌最常見的結果，往往是亮晶晶、閃亮亮、一大坨的「還好」。

我所說的這些或大或小的滑鐵盧，並不只是前車之鑑而已；當錯誤被更正、工具經過校準、路徑重新劃設之後，失誤就變成了成功的前奏曲。

拋棄追求無意義的完美的，也不是只有我一個人。本書將要介紹一些我最喜愛的藝術家及攝影師的作品，還有初學者和自學者的成果；他們靠著名為「不完美」的火

頭取暖，打破規則，告訴我們是可以為非、壞可以是好，當全世界都叫你右轉的時候，向左轉可能對你比較好。

當另一種選擇是無聊的一成不變或是了無生趣時，這本書帶給你失敗得轟轟烈烈的勇氣。揮別安全牌，擁抱未知與悸動吧！

謹以本書向犯錯的藝術致敬。

The Epic
Fail. 史詩級的錯誤。

你的錯誤可以改變世界。 14

為不合邏輯慶祝。 20

搞砸了。但很跳。 28

就連機器人也會犯錯。 34

業餘者的勝利。 42

大拇哥來襲。 50

信心沒那麼重要。 58

The Happy
Failure. 開開心心地失敗。

保持眼睛雪亮。 64

每天。都犯錯。 76

完美是種暴政。 86

當景色唯美，就把它打亂。 90

Fail to Follow the Rules. 違反規則。

重新設計你的認知。 100
拼圖拼錯了。 108
不被按讚的勇氣。 114
保持單純。 118
不要把自己看得太了不起。 124

Fail to Find Inspiration. 找不到靈感。

讓自己當個白癡。 128
修圖不一定要完美。 130
讓你的觀眾緊張。 136
他人的棄作,可以變成你的傑作。 150
在後院裡努力。 156
不要讓人覺得無聊。 158

All Hail the Fail. 164
失敗萬歲。

當成功唾手可得時，
反而徹底、完全的失敗。

Complete and total failure when success was easily attainable.

The Epic Fail.

史詩級的錯誤。

Your mistakes

你的錯誤

could change the world.

可以改變世界。

小小的錯誤是日常生活的一部份。撥錯電話、忘記付帳單、對著同事喊錯名字等等，這些小錯無傷大雅、無可避免，馬上就會被忘記。

讓我們先把那些小錯放一邊，想像一下超巨大、超悲劇的錯誤吧！巨大到連太空中都看得到的那種。這種錯誤是如此驚人，以至於前面還要加上一個不祥的形容詞——史詩級的失誤。

史詩級的錯誤是那種會讓人啞口無言、五內俱焚，讓帝國隕落的蠢事。這種蠢事會重創工作和靈魂。要是被錄影了就會像野火燎原一樣燒遍社交媒體，在專門搜羅此類蠢事的網站上佔據顯要的地位。

但是這些史詩級的失敗不是無法挽回的災難，更不是失敗者的專利。就像我在前言中說過的，就連最成功的那些人也無法倖免。

就拿蘋果這家等於成功代名詞的公司來說吧。當蘋果推出某樣產品卻失敗了（不管是不是災難等級），這簡直反常到連地球的軸心都凍僵了，科技宅們立刻組成後援團體，投資人則是不敢置信地張大了嘴。二〇一二年的時候就發生過這種事。當時的執行長賈伯斯把Google地

圖從蘋果的產品中移除，並要求他的團隊重新為世界畫出地圖。

接著，第一批成果出現了。

蘋果涉足地圖學的結果，是把道路開到了建築物牆上、塔樓與地面融成一團、高速公路變成像折紙一樣扭曲。

這真是個史詩級的錯誤。

但是這個挫敗也許會導致未來的成功。雖然看似不太可能，但是未來誰也不能確定，這種事很難說，而且以前也有過先例。

一九九三年，蘋果大張旗鼓地發表了「牛頓」（Newton），這台又貴又笨重的手持電腦被稱為「個人數位助理」，也就是第一台PDA。它一推出馬上就受到評論家和消費者的嘲笑，說它浪費、又貴又不實用。十足史詩級的錯誤——當時這個名詞都還沒出現呢。

但是嘲弄蘋果敗筆的那些人當中，很少有人意識到，這項產品預示了智慧型手機與平板電腦的革命，讓《連線》雜誌稱牛頓PDA為「有先見之明的失敗之作」。

作家威廉‧葛斯就觀察道：「有時候，美誕生於意外之中。」確實，就在醜陋的牛頓中，美誕生了。

有一位嗎啡上癮的藥劑師，在尋找一種靈藥以治療讓他衰弱的上癮問題，過程中一種美味於焉誕生。於是他變成了那位創造可口可樂的幸運藥劑師。

威爾森‧葛雷特巴齊教授在組建一個記錄心跳的儀器的過程中，無意間改變了醫療世界。他插進了錯誤的電阻，然後看見那個儀器跳動、停止、再跳動——就像一顆心臟。這個心臟起搏器是一次搞砸的結果，最終救了上百萬人的命。

這些故事並非特例。它們啟示我們一個重要的教訓：不要過分保護你的點子，企圖避免史詩級的錯誤，因為在發明史上充滿了各種美麗的錯誤。

就算結果不如預想、就算你的原本的計算偏誤了，那也不代表意外的結果不會導向某種天才的產物。

19

Celebrate

the illogical.

為不合邏輯慶祝。

當今的都市景觀，好像根本就是在研究怎樣才能一成不變和不斷重複：一樣的商店、一樣的招牌、沒什麼兩樣的高架道路、咖啡廳還有購物商場，以及都差不多的公園。

不過靠近一點看，在H&M和麥當勞的招牌之間可貴的空間，你就會看見打破重複的異端，把單調擾亂，建立起一小塊不合理性的領土。像是沒有門的陽台、面朝後的長椅、詭異的衛浴。

這些過失讓日常變得迷人，不合邏輯的神來一筆，製造出特別而不完美的美。隨著時間過去，刺眼的大烏龍變成了風景的一部分，尷尬的錯誤看起來反而適得其所。

Daniel Eatock, Vandalized Trees Reoriented, 2008
被破壞的樹重新定向，丹尼爾·厄爾圖克，2008

Screw up.

Stand out.

搞砸了。但很跳。

想要成功就要付出百分之一百二十的努力——這種沒心肝的說法，你是不是都聽到不想聽了？這個最受歡迎的數學謬誤好像是在說，要是我們把全副心力都投入一件事，那麼完美就會隨之而來。

根本就沒這麼回事。要是你想要讓人注意，那就替自己行行好，別再追求什麼完美了，因為所有的人都在追求完美啊。

正好相反，去追求不完美吧。

想讓人記住，就要出乎意料、讓人驚訝。下面幾頁的看板就是這樣的例子。

你會注意到街頭又多了一個無趣的廣告看板嗎？要不是漫不經心的工人把它搞亂了，你也許根本不會注意到它。

不斷地跟自己的直覺鬥爭，放縱自己沉入非刻意的錯誤中潛在的美好吧。

我建議你，試試看去做出真的接近完美的東西，像是畫一幅你畫過最漂亮的畫、插一束讓人目不轉睛的花、烤一個完美的舒芙蕾。然後就在你認為自己完成的那一刻，放手。讓舒芙蕾砸在地上、請鄰居的小孩來完成插花、閉著眼睛畫完最後幾筆。

最後你得到的可能是一無是處的東西，但也有可能在一團混亂中找到規則。也許是讓人眼睛一亮的抽象表現，或是未曾經歷過的感官體驗。

實際上，你很可能會在計劃中的計劃外、預料中的預料之外，發現不完美的完美。

There was never a plan. There was just a series of mistakes.

根本沒有什麼計劃。
只有一連串的錯誤。

Robert Caro, journalist
羅伯特 · 卡羅，記者

Even robots

make
mistakes.

就連機器人

也會犯錯。

不管是有計劃的還是計劃外的，錯誤會迫使我們注意看，在一片平淡無奇的好棒棒中，抓住我們的注意力。

就拿工廠的生產線來說吧。生產線是設計來消除錯誤、讓不完美成為過去式的地方。

從前，產品還是人工生產的時候，常常會有各種微小的不同，呈現在質量上或是組合上的小差異中。但是後來工人被機器人取代，製造出，呃，稍微比較完美的產品。

但是，就連機器人有時也會不聽話。

藝術家海克·波凌（Heike Bollig）收集一些普通的物品，但這些物品被製造它們的機器給弄變形了。例如沒有打結的蝴蝶餅、瓶子腰身上的標籤皺摺疊起像是芭蕾舞裙、沒辦法鑽洞的螺絲釘、轉不動的彈珠，還有可以從半公里之外泡的茶包。

機器會製造錯誤這個事實，只會讓這些失敗之作更加讓人懊惱。這些失敗讓我們不得不和一些複雜的問題搏鬥，好比說：不是蝴蝶形狀的餅還是蝴蝶餅嗎？還是脆餅條？

有時，關上我們心裡的品管控制，讓一些奇奇怪怪的東西跑出來，是值得的。

Heike Bollig, Jar. Found in Stockholm, 2008
瓶子，發現於斯德哥爾摩，海克·波凌，2008

nationen dieser acht Symbole bilden das
er 64 Kapitel des *Buchs der Wandlungen.*
ng beruht denn auch auf der Nebeneinan-
hrer symbolischen Werte:
ymbolisiert *Stärke* oder *Kreativität.*
olisiert *Freude* oder *Anziehung.*
ymbolisiert *Initiative* oder *Handeln.*
nbolisiert *Aufmerksamkeit* oder
sein.
bolisiert *Empfänglichkeit* oder
heit.
bolisiert *Innehalten* oder *Ruhe.*
mbolisiert *Leidenschaft* oder *Gefahr.*
nbolisiert *Eindringen* oder *Nachfolgen.*
ragung wird ein Symbolpaar ausgewählt,
haften repräsentiert, die die betreffende Si-
akterisieren. Diese Eigenschaften können
der Persönlichkeit und des Charakters ein-
chen oder Gruppen stehen, genauso aber
dominanten Kräfte, die ein Ereignis, eine
er ein Unterfangen charakterisieren.
bolpaar ergibt zwei Hexagramme (oder ein
, bei dem dasselbe Symbol zweimal ge-
d). Diese bilden den Text für die Befragung
in der weiter unten beschriebenen Art und
n. Benützen Sie bitte die Tabelle hinten auf
as die Kombinationen der Trigramme und
mme, die sie bilden, betrifft. Die ange-
piele am Ende der Einführung zeigen typi-

11

Heike Bollig, Book. Found at University Bookshop Munich, 2004.
書本，發現於慕尼黑大學書店，海克·波凌，2004

ches Symbol nicht für das männliche Ge...
steht nicht für die Frau und Yang nicht für...
Yin und Yang sind universelle Komplemen...
len Menschen und allen Ereignissen vorhan...

Es ist außerdem wichtig zu verstehen, ...
Yang nicht gut beziehungsweise schlecht re...
Yin und Yang können sowohl gut als auch s...
je nachdem, welche Funktion die jeweilige...
in einer bestimmten Situation hat.

3. Die »vier Bilder« heißen altes (reifes, ...
junges (kleines) Yin und Yang. Der Yin-M...
terteilt in altes Yin und junges Yang, auch...
punkt zustrebendes Yin oder anfänglich...
nannt. Der Yang-Modus ist unterteilt in al...
junges Yin, auch dem Höhepunkt zustre...
und anfängliches Yin genannt.

Diese Unterteilungen verdeutlichen das ...
die Yin- und Yang-Erscheinungsformen d...
sches sind, sondern sich immer in einem Pr...
nehmens oder Abnehmens befinden.

4. Die »acht Trigramme«, die aus den viere...
Yin und Yang entstehen, vervollständigen r...
gende Struktur des *Buchs der Wandlungen*...
jene Symbole, die zur schnellen Befragung...
verwendet werden:

Alte Yang-Trigramme: HIMMEL und SEE...
Junge Yin-Trigramme: DONNER und FEU...
Alte Yin-Trigramme: ERDE und BERG
Junge Yang-Trigramme: WASSER und WIN...

10

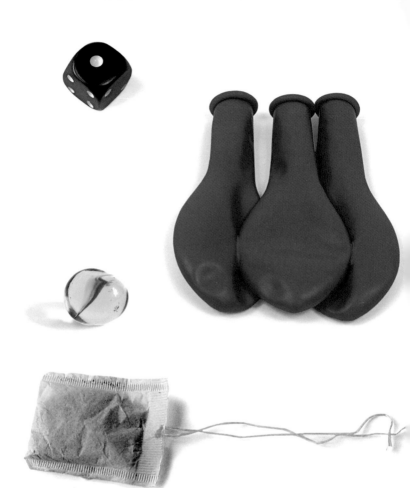

Heike Bollig, Dice. Found in a board game box, 2006
3 pink balloons. Received from Yuka Oyama, 2005
Marble. Manufacturer unknown, 2009

骰子，發現於遊戲盒中，海克·波凌，2006
三個粉紅氣球，由Yuka Oyama處獲得，2005
彈珠，製造者不詳，2009

Screw. Found at Obi, Munich, 2004
Pretzel stick. Received from Jürgen Drescher, 2006
Teabag. Found at a Vietnamese grocer's shop, Berlin, 2005

螺絲釘，發現於慕尼黑的OBI商店，2004
蝴蝶餅條，由Jürgen Drescher處獲得，2006
茶包，發現於柏林的越南雜貨店，2005

Triumph

of the
amateur.

業餘者的勝利。

不知你是否還記得，從前那些家庭攝影師拍的照片會被放在家裡、貼在相本裡、或是收在硬紙盒裡，就像是一場攝影展，內容平淡無奇，卻常有意外造成的實驗性攝影作品。

撇開鄰居舉辦那種酷刑般的奧拉巴馬州之旅幻燈片秀不談，私人照片一般來說是比較私密的。但是無所不在的智慧型手機和數位相機，讓業餘者把照片放上網路、進入主流，為專業養成的過程提供負面教材。

外行人的優勢就是純真。

要是你不懂規則，就不會知道不能打破規則。外行人沒有成見、沒有客戶也沒有時間壓力。他們不一定要跟隨潮流，可以奢侈地在極度的不尋常中汲取輝煌，就算有時他們自己並沒有意識到這件事。

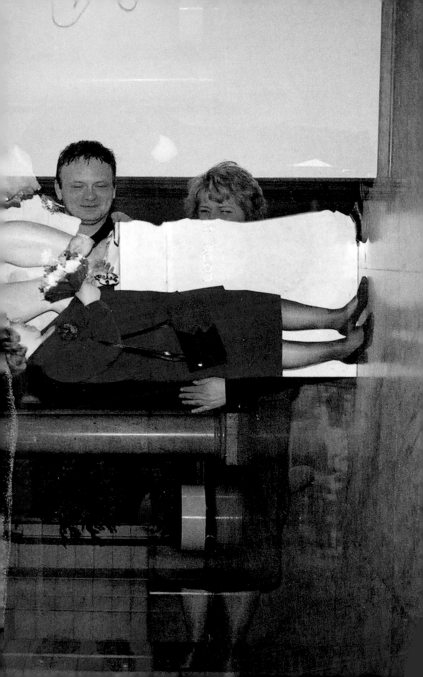

是沒錯，壞的照片比好的多，但是在專業人士眼中的攝影弊病，像是：焦距模糊、拍攝對象從腳踝被截斷、正對著光源、燈柱延伸超過頂邊等等，這些都可能成為強而有力的靈感來源。正是這些專業人士會丟到垃圾桶裡的照片，家裡人卻會把它當作賀卡寄出去。

大多數的專業創意人，都是從同儕的專業人士作品中尋找靈感。但是這些從業內借來藉屍還魂的點子，鮮少有真正新穎原創的。

而業餘者則不會囿於要讓照片「正確」，他們只是想要拍出照片。他們不會在自己身上加諸「藝術性前例」或是「開創性視野」的重擔。他們不知道自己拍出來會是什麼樣子，也不是特別在意。

你也不用在意。

Ever tried.
Ever failed.
No matter.
Try again.
Fail again.
Fail better.

每次嘗試。
每次失敗。
不要緊。
再試、再失敗。
這次失敗得好一點。

Samuel Beckett, playwright
薩謬爾·貝克特，劇作家

Attack of

the giant
finger.

大拇哥來襲。

承認吧，每個人都幹過這種事。說起來，當相機越來越小，發生的機率也就越來越高。

這是最容易發生的攝影失誤：亂來的攝影師手指頭就像出其不意的日食，遮擋了一部分的畫面。說起來，手指頭是攝影師最重要的工具，而擋住鏡頭的手指則是把一幀搞砸的照片變成攝影師的自拍照。

在數位相機把昂貴的沖洗步驟變得可有可無之前，人們必須為每一幀手指擋在鏡頭前的相片付費，所以這些相片就存在我們的生活中。每個拍照有些年頭的業餘者，都會有張丟在抽屜深處的照片，相片裡是一位朋友或是親愛的人站在巴黎協和廣場上，卻被一隻大胖手指給砍了頭。

這種失誤的結果，有時是迷人的模糊，有時卻是令人汗毛直豎的驚悚。好像空中出現了粉紅色的電光。或是某個地點令人驚豔的一瞥。在團體照裡抹去某人的身影，就像是前蘇聯的報紙上被清洗的同志。這些模糊的粉紅色塊，創造出羅斯科（Rothko）風格的抽象作品。

如今，這些相片比較有可能被刪除而不是被保留——要是你問我的話，那真是太可惜了。我的意思不是要你故意去遮擋攝影鏡頭，因為有意去重現意外的效果是不可能的。

但要是一張照片上有某個不完美處是你後來才發現到的，這張照片也不一定就毀了。

它不一定是失敗之作，反而是開啟其他可能的開端。

Confidence is

overrated.

信心

沒那麼重要。

我們都喜歡表現出信心滿滿的樣子，覺得非這樣不可，認為這是成功的前提。

但是說到創造力，其實不安全感才是關鍵。

你不相信？

不然你想想，史上知名的藝術家有哪些特點？快樂、自信、自我滿足？還是抑鬱、痛苦、自我厭惡？要是成功有賴於自信，那不久前，標題為「自我厭惡是作家的先決條件嗎？」的文章，還會登上紐約時報嗎？

不會。因為他們知道，偉大的想法常常是從讓人跛腳的不安全感而生。偉大的想法都是從自我質疑開始，不斷自我審視，並讓其他的可能性紮根。

思考可能是一件很危險的事，不過還是冒這個險吧。創作的過程就像淘金：某個地方可能藏有一塊金子，而你的工作就是四肢著地，在泥土污垢中篩選，把它找出來。而且當你百分之一百二十確定自己應該淘到了的時候，八成也就是你該換個地方淘的時候了。

我的意思不是要你把洗澡水和嬰兒一起潑出去；你可能只是需要換個光線，換個視角。調整一下想法，或是換個角度想。也就是承認應該還有改進的空間、或者你根本就想錯了。

不要讓不安全感淹沒了你。還有最重要的一點——不要慌亂。

不安全感是你最重要的資產。

Thinking is hard. Not thinking is harder.

思考
很困難。
不思考
更難。

Hans Aarsman, photographer
漢斯‧亞斯曼，攝影師

機會有很多種偽裝。
要時時注意。

Opportunity wears
many disguises.
Be on the lookout.

The Happy Failure.

開開心心地

失敗。

Sharpen

your gaze.

保持眼睛

雪亮。

靈光乍現，聽起來很棒。

巧合、偶然、幸運，這些概念聽起來都有點浪漫。

你甚至會自我安慰說，靈感不是你能控制的，它想來就來，跟你做什麼不做什麼沒有關係，所以你無法掌握。

麥特‧斯圖亞 (Matt Stuart) 和安德烈‧泰森 (André Thijssen) 的攝影作品告訴我們不是這樣，事實上你可以 (而且必須) 努力讓靈光乍現。這些我們稱為靈光乍現的吉光片羽，其實關鍵就是保持眼睛雪亮。

表面看起來，斯圖亞特好像掌握了某種竅門，總是能在對的時間出現在對的地點。但事實上，他總是不斷地在尋找這些巧妙的排列、怪異的組合、錯亂的景象，而成千上萬的人對這些視而不見。

於是優雅的孔雀變成了橡皮鴨、紐約警察變成了大鬍子、鴿子邁步加入通勤的行列。

Matt Stuart, Moorgate Tube, 2005
沼澤門地鐵站，麥特‧斯圖亞特，2005

Trafalgar Square, 2004
特拉法加廣場，2004

New Bond Street, 2006
新龐德街，2006

Hyde Park, 2006
海德公園，2006

Matt Stuart, Fifth Avenue, 2010
第五大道，麥特·斯圖亞特，2010

另一位藝術家泰森則是把我們日常生活的週邊景象擦亮，在不起眼、平凡的角落裡尋找美，而且常常讓人會心一笑。他尋找視覺的一瞬間，讓平凡變身為讓人印象深刻的一景。

你也學著辨識這些轉化的瞬間吧。不要排除這些不完美的、沒有拍照價值的「醜景」；因為靈感可能也會藏在那兒。

要記住所有美的一瞬，剛開始時也會被人認為是醜陋、怪異的；像是抽象主義、達達主義、龐克、頹廢美學，還有湯姆‧威茲那種像剃刀在漱口一樣的完美聲音，都不例外。

細察周遭可能不是你的天性，但是卻可以成為一種專長。把你的自動導航關掉、不要低著頭看手機。把腳步放慢、眼光磨利。就算有心尋找令人驚奇的事物，包管你還是常常會被嚇一跳。

人無法預見不可預期之事，但可以學著去辨識。

André Thijssen, Tree and building, Malaga, Spain, 2013
樹與建築，西班牙馬拉加，安德烈‧泰森，2013

André Thijssen, Mirror, Rosh Pina, Namibia, 2000

鏡子，納米比亞，安德烈·泰森，2000

André Thijssen, Car with Balls, USA, 2002
車與球，美國，安德烈・泰森，2002

Make mistakes.

Every day.

毎天。　都犯錯。

犯錯是正常的，犯兩次同樣的錯是不小心，同樣的錯犯三次就接近不可原諒的邊緣了。

但是不斷、不斷、不斷地犯同樣的錯，那可能就離天才不遠了。

要是我們可以從錯誤中學習，那麼，我們學得最多的時候，就是把犯錯變成一種執著，重複、重複、再重複，下定決心加以克服。專業人士通常會下意識地避免犯錯，因為他們專注於能力和完美，關心的是交件期限和難纏的客戶。

讓我們再次把目光從專業人士轉移到亂來的業餘者身上。

長期以來，有個挑戰一直困擾著業餘攝影師（由其是那些不熟悉光圈數字、搞不清楚ISO值，覺得測光儀神祕難解的），那就是拍攝純黑的東西。想像一下，要是這個東西是一團看不清楚的黑蓬蓬，既沒有輪廓也沒有深淺，而且還拒絕保持靜止不動，那會是什麼狀況。有個英勇的業餘攝影師就這樣，年復一年地，試著拍出他心愛的寵物的照片。

年復一年，他總是失敗。

照片上有個神祕的黑點兒在那裡。有時是模糊的黑色三角形。有時是個黑洞。但是這位攝影師的執著，見證了飼主與寵物之間的堅貞感情。

這是一段史詩般的故事，敘述了愛、執迷不悟，以及光線不良。

一個不斷無窮迴圈的錯誤，讓這隻狗總是被隱形。後來，在相當意外的狀況下，發生了另一種錯誤，讓我們總算看見這種瞎摸瞎忙的對象究竟是什麼樣子。就在一次最後的嘗試中，也許純粹是出於絕望，這位飼主讓寵物的照片過度曝光。

他們終於用相機捕捉到了寵物的身影細節，顯現出一隻表情有點無聊、看起來和其他黑狗沒什麼太大不同的動物。

清晰原來只是凡俗。而錯誤就是黑暗中的閃光，就像對著我們的想像力吠叫的、看不見的狗。

The tyranny

of perfection.

完美

是種暴政。

這樣做，不要那樣做。專心做這個，忽略那個。努力一點、做久一點。

我們都曾經被這些很好心的建議搞得暈頭轉向，這些建議都像是在戰場前線上，叫你瞄得更準一點。

但是，讓我們想想，會不會是反過來比較有幫助？以下這句話號稱是 (但實際上可能不是) 薩爾瓦多·達利 (Salvador Dalí) 說的：「不要害怕完美。因為你永遠也達不到。」

或是下面這句話，是講話實在的美國足球教練文森·隆巴底 (Vince Lombardi) 說的：「我們會永不懈怠地追求完美，心知肚明絕對無法企及……但是在過程中，我們會抓住傑出。」

雖然我們都在陳腔濫調的泥沼上如履薄冰，但別忘記，那些都只是有名的人重新詮釋一個有用的老生常談：莫因求全而害美。

努力追求完美會讓你覺得不自在，會讓你對自己的失誤耿耿於懷。不完美總是比較接近事實，這我們又能騙得了誰呢？

如果你不是光顧著哀嘆人生的殘酷還有那些小小的不公平，而是用心去體會，那麼在失敗中一定會學到一些東西。

完美是美好的敵人。讓自己從完美的暴政中掙脫吧！千萬別投降啊！

We are all failures – at least the best of us are.

我們都是失敗者——
至少我們當中最棒的那些人肯定是。

J. M. Barrie, author
J. M. 巴瑞，作家

When a view is flawless,

當景色唯美，

interrupt it.

就把它打亂。

此時此刻，你若非在家中讀這本書，那麼很有可能你就在鏡頭裡。這世界到處都是監視器，它們無所不在——公園裡、酒吧裡，甚至是圖書館的書架間。它們在城裡的街上列隊，在空中盤旋。

監視器把世界變成連溫斯頓・史密斯都難以想像的模樣。就某方面來說，今日的老大哥比書裡的溫和，但不論你走到哪，電子版的史塔西都緊緊地盯著你。

就算根本沒人在看也是一樣。

監視器就和生產線的機器一樣，不會給人太多的靈感。它們不帶情緒地看著一切，卻又幾乎什麼都不看，無論是車流、觀光景點、美麗的風景或是街角，都一樣。但是它們卻也見證了大自然不設防的一面、捕捉了偶然的奇景，並加以記錄保存。

柯特・卡維耶爾 (Kurt Caviezel) 監看全世界一萬五千支監視器的畫面，迄今已經有十五年之久。但他想看的並不是沒完沒了、一個小時又一個小時的完美的圖畫般的景色。相反地，他要找的是被擾亂的畫面、無法預期的時刻。

在卡維耶爾的世界中，這種擾亂是透過巨型的昆蟲來達成。巨蟲盤踞在金字塔上空，就像是二級恐怖片的場景；鳥的尾巴掃過，讓天空都變暗了。這個脆弱的世界看起來飽受威脅，而本來設置用來監控、對抗惡行惡狀的監視器，它本身就成了創意和惡搞的工具。

卡維耶爾用監視器成功攔截對手，他給我們上了寶貴的一課：多注意那些亂入的、造成視覺異狀的，即便是在最不起眼之處。

因為風景裡的那塊黑點，也許就會改變你看世界的方式。

Kurt Caviezel, Insects

昆蟲，柯特·卡維耶爾

Kurt Caviezel, Insects

昆蟲，柯特·卡維耶爾

Kurt Caviezel, Birds

鳥，柯特・卡維耶爾

規則就是用來打破的。
不只是稍微轉個彎，
而是正面衝撞它、把它轟上天、
徹底毀了它。

Rules are made to be broken. Don't just bend them. Smash them. Blow them up. Destroy them.

Fail to Follow the Rules.

違反規則。

Redesign your

imagination.

重新設計

你的認知。

在這個時代，不論在哪裡、不論什麼東西，似乎都差不多。

不管是曼哈頓還是倫敦，每個街角都有間星巴克。巴黎的羅浮宮裡有一間、關塔納摩灣的監獄營裡也是，還有南卡羅萊納的殯儀館裡也不例外。

不只是咖啡廳還有連鎖店是這樣，一切都是如此。到處都看得到一樣的腳踏墊、鞋子、插座、調味料、咖啡機。

生活的場景好似變成一張連續不斷的背景，不論你走到哪都不會變。

義大利設計師丹尼爾·派洛·佩拉 (Daniele Pario Perra) 就挑戰這種一成不變的模式，故意用「錯誤的」方法使用這些常見的東西──於是延長線成了燭台、底片盒可以改造成鹽罐和胡椒罐，而塑膠椅則成了臨時的腳踏車座位。

Daniele Pario Perra, Low Cost Design, 2010–11

低成本設計，丹尼爾·派洛·佩拉，2010–11

102

藝術家哈姆特・史密茲 (Helmut Smits) 專門在創造違和的組合。他的作品「椅子燈」讓我們看見這樣的結果可以很好玩、很迷人，也同時很有用。

藝術家組合噗特噗特 (PUTPUT) 也亂搞規則，把各種不相關的想法、領域、物件組合在一起。常見的家用品被亂點鴛鴦譜，結合生出美麗而不實用的新東西。

忘了你所認識的物品吧。用新的眼光看待它們、發掘它們的潛力。再沒有比被正常或恰當的想法框住，更會限制你的創意了。

Helmut Smits, Chairlight, 2006

椅子燈，哈姆特·史密茲

PUTPUT, Fitting 01
組合01，噗特噗特

Fitting 03

組合03

Put the puzzle back

the
wrong way.

拼圖拼錯了。

拼個拼圖、拼出一隻休憩中的獨角獸什麼的，實在沒什麼好讓人長進的——要是你這樣想，八成也沒人會怪你。

拼圖對小孩來說也許還有挑戰性，但對大多數人來說，那只不過是被解構的一幅完美圖像，用來組回去再變回完美的樣子。其間也沒有什麼神祕的因素，拼完的樣子不就大刺刺地印在盒蓋上嘛。

完整、散開、完整。這個過程令人滿足。

但對於美國藝術家肯特·羅哥斯基（Kent Rogowski）來說，卻不是這麼一回事。

他發現有些製造拼圖的廠商，製作各種拼圖時，是用一樣的刀模來切割不同的圖案；於是乎，這些不同圖案的拼圖片就可以互相對換。羅哥斯基就利用這種關聯性，把不同的拼圖混在一起，組合成異樣的圖像。

這樣呈現出的作品讓人驚豔不已：田園美景中，嬌豔的花朵從建築物裡、動物身側欣然綻放。

完整、散開、令人注目的不完整。這個過程更讓人滿意。

把東西鑿開吧。破壞吧。打散吧。把使用指南丟掉，儘管用你高興的方式把它們組回去。要記得：看起來兜不在一塊兒的東西，還是可以湊在一起。

在這過程中，你可能會像羅哥斯基一樣，獲得這樣的創造力——儘管在技術上來說是錯的，但在美學上來說卻是對的。

Kent Rogowski, Love = love 9, 2006–08
肯特·羅哥斯基，愛＝愛 9，2006–08

Love = love 3, 2006–08
愛＝愛 3，2006–08

Kent Rogowski, Love = love 10, 2006–08
肯特・羅哥斯基，愛＝愛 10，2006–08

Dare to be

disliked.

不被按讚的勇氣。

在這個臉書、推特、Instagram按讚的時代，有名氣有野心的人渴求從那些他們幾乎都不認識的人那兒得到讚。但有件事重要的事卻很容易被忘記：即使一百萬人加在一起也有可能錯得離譜。

不論是暢銷商品、流行音樂排行榜、選舉結果、或是電影票房，每天都在告訴我們一件事：眾人中少有智慧。

但即使是為文化喉舌的人也會錯得讓人目瞪口呆。

想想那些在一開始被訓練有素、專職發掘創意的人拒絕的創意吧。印象畫派第一次展出之後的那些批評、拒絕肯德基爺爺炸雞祕方的餐廳，還有一開始拒絕哈利波特第一集的那十二家出版商。

在流行的浪潮、那些似是而非的風尚中，逆向前進吧！

要有不管別人怎麼想的勇氣。

因為總有風險。

我們都喜歡在人群中取暖，喜歡因循。我們總想討人喜歡。可是原創的點子不總是一開始就受歡迎，而是會被質問、被挑戰、被試驗、被拆解。

但要是點子夠好，就會活下來。

勇於不被按讚。搞不好你會發現這樣很讚。

Success is the ability to go from failure to failure without losing your enthusiasm.

成功就是一種歷經不斷失敗
卻不會失去熱情的能力。

Winston Churchill,
former British Prime Minister
前英國首相，溫斯頓‧邱吉爾

Keep it

simple.

保持單純。

在那些毒害創意人的眾多壞習性當中，破壞力最大的其中之一，就是追求繁複。

有多少次你因為小問題而動彈不得，只因為你非得用不必要的偉大點子來解決它？非要那種驚天動地、蓋世不凡、改變世界的偉大點子不可？

不要再白白浪費時間了。

不要以為你每次跌坐在電腦前就會研究出冷核融合的方法。只要掌握工程師所說的KISS原則就好——

保持簡單愚蠢。（Keep It Simple, Stupid.）

露絲·范貝克 (Ruth van Beek) 就是用保持簡單的原則，把原本乏善可陳的照片，變成獨一無二的拼貼藝術，創造出騰空的狗、無頭的毛團等。

她只是擺弄這些照片，並沒有添加任何東西，就為本來單一的畫面創造出各種不同的創意。

這就是簡單的創意帶來的好結果。

試試看擺弄一些普通的東西，讓它變得不普通吧。不要擔心會不會毀了什麼東西，看看你會創造出什麼吧。

Ruth van Beek, Untitled (The Levitators, 20), 2012–13

無題 (騰空，20)，露絲·范貝克，2012–13

Untitled (konijn), 2011
無題（兔子），2011

Untitled (grey-black), 2011
無題（灰一黑），2011

Untitled (konijn), 2011
無題（兔子），2011

Untitled (dark grey), 2011
無題（深灰），2011

Ruth van Beek, Untitled (The Levitators 7), 2012–13
無題 (騰空，7)，露絲・范貝克，2012–13

Don't take yourself

不要把自己看得
太了不起。

too
seriously.

這世界上充滿了自我滿足、自我重視、自我抬舉。除了這些生產過剩的超級自信人，你還會經常聽到各種要你展現更多自信心的建議，說是如果你要高人一等，就要表現出比別人更有病的堅決意志。

要是你是政治家或是職業摔角手，這個建議是很實用沒錯，對其他人來說就沒那麼有用了。

自視甚高、自我膨脹，實際上可能會成為創意的障礙，尤其當自信被懶惰取代的時候更是如此。你會變成一再重複一樣的想法，而這些想法很多都是由傲慢而生，而非從良好的判斷而來。

此外，就連自大狂也不喜歡志得意滿的同儕，這些嫉妒你、不爽你的敵人遲早會讓你從雲端跌回地上。

沒有人能告訴你你會怎麼摔下來、何時會摔，但是那些自我滿足、過度自信的人總是會摔落。當你頭破血流地躺在殘骸當中時，在那兒，你就會找到自己最棒的想法。

因為傑出始於谷底。

不要害怕從自己的失敗之作中
尋找想法。

Don't be scared to sift through your rejects in search of ideas.

Fail to Find Inspiration.

找不到靈感。

Make an

idiot out of yourself.

讓自己當個白癡。

犯錯是人類的一部份，為什麼大家都這麼抗拒呢？

小朋友都是從錯中學：跌倒、爬起來，然後跌得更慘；但是因為小朋友活在一個玩樂的夢想世界中，在那裡犯錯是不會有後果的，也不用因為害怕尷尬而有負擔。

那麼大人為什麼不也這樣呢？我們何不學著遊戲人間？

要是你一天沒有一次覺得自己是個白癡，那你就應該少點工作、多點玩耍。愚蠢的錯誤會迫使我們學習、成長、創新。

覺得很丟臉？

那就去習慣它吧。

要是你沒有做錯事、沒有經常覺得自己很蠢；要是你不認為自己的想法不夠好；要是沒有人挑起一邊的眉毛，高高在上地問你怎麼會想要去做這個；要是你和那些循規蹈矩的人分享你的想法時，沒有經常被取笑的話──

那你八成是做錯了。

Photoshop doesn't have to mean

perfection.

修圖不一定要完美。

那些處理和剪接底片的日子已經一去不復返了。現在，任何人都可以在筆記型電腦上，不用任何編輯套件，就可以錄製、導演、編輯影片。科技已經把原本非常專業的技能變成人人可及。

但是能取用非常成熟的科技，不代表就會產生非常成熟的想法。

科技的花招可以強化好的創意，但更多時候是用來給壞的創意遮醜、掩飾弱點。作品變成執行的成果，而非概念的落實。

像是Photoshop這樣的工具會產生另一種危機：如今，我們只要敲敲鍵盤就可以迅速地避免掉太多的錯誤，讓人可以消去錯誤而不給它任何呼吸的空間。

藝術家盧卡斯·布拉洛克（Lucas Blalock）讓我們見識到相反的一面：要是你把錯誤當作靈感、把其他人亟欲遮掩的地方加以強化、讓它演變，會產生什麼結果。

他把以技術上來說完美的影像，用Photoshop改造成更有趣的樣子，例如變種的仙人掌，或是自以為是桌子的搖椅。

商業攝影師用Photoshop來消除、美化不完美之處，布拉洛克卻著重在不完美，把修過圖的地方暴露出來，而不是加以掩蓋，從而創造出令人訝異、獨特的影像。

花點時間去考量錯誤（包括自己的和別人的），你會發現一開始看到的缺點，很可能隱含著別的可能性，會變成某種迷人、奇異、原創的東西。

Lucas Blalock, Cactus Action, 2014

仙人掌動作，盧卡斯　布拉洛克，2014

Lucas Blalock, Tire II, 2011

輪胎二，盧卡斯・布拉洛克，2011

Rocking Chair, 2012
搖椅，2012

Keep your audience

on their toes.

讓你的觀眾緊張。

家庭照通常有種可預測的一致性：一個完美的家庭組成一個完美的畫面，有媽媽、爸爸、兩個到四個小孩，在他們溫馨可愛的家中⋯⋯你懂的。那是一個悉心呈現的畫面，用意在隱蔽所有生活中的不完美。瞧，那個坐在爸爸膝蓋上咧著嘴笑的男孩、他的姐妹則嘟著胖嘟嘟的臉頰，旁邊是媽媽的笑臉。

荷蘭藝術家漢斯·艾吉科布姆 (Hans Eijkelboom) 進到幾個家庭中，以他的版本拍攝出的家庭肖像，就是要看起來像這樣。

一眼看去，這些畫面沒有什麼出人意表之處，就是個典型家庭的正常照片。

但你再看仔細一點。

Hans Eijkelboom, With My Family, 1973   家庭，漢斯·艾吉科布姆，1973

Hans Eijkelboom, With My Family, 1973   家庭，漢斯·艾吉科布姆，1973

Hans Eijkelboom, With My Family, 1973 　　家庭，漢斯·艾吉科布姆，1973

沒錯。每張照片裡的爸爸都是同一個人,就是漢斯.艾吉科布姆本人。

攝影不只是一種記錄的工具而已,常常也是一種人為操弄的工具。

每張家庭照單獨看都沒有問題,艾吉科布姆看起來都不會格格不入。影像本身的說服力騙了我們。他借此質疑我們對於身分的認知,並取笑攝影畫面的老套。

另一位藝術家喬安·馮邱貝塔 (Joan Fontcuberta) 多年來的創作,則是在真實與虛構、科學與藝術之間的領域,挑戰我們對於「規則」的想法,教我們去質疑眼見為信的精確度。

當馮邱貝塔宣布他發現了連NASA(美國航太總署)都看漏了的新星座時,批評的人都質疑那些專業的天文學家怎麼會錯漏了這麼重要的東西。直到觀者看到這一系列照片的最後一張,才會發現馮邱貝塔詭計。他巧妙地運用角度、光線與曝光,把髒兮兮的窗戶變成遙遠的銀河,騙倒了一堆外行人和假專家。

把理所當然拿來戲耍,讓人們停下來看、停下來想。唯有透過質疑和挑戰,才有真實的存在。

Joan Fontcuberta, MN 3: CANES VENATICI (NGC 5272), AR 16h 42,4 min. / D +28º 23', 1993

MN3：獵犬座（NGC 5272）， AR 16h 42,4 min. / D +28o 23'，喬安·馮邱貝塔，1993

Joan Fontcuberta, MN 3: CANES VENATICI (NGC 5272), AR 16h 42,4 min. / D +28º 23', 1993

MN3：獵犬座 (NGC 5272)， AR 16h 42,4 min. / D +28o 23'，喬安·馮邱貝塔，1993

MN 27: VULPECULA (NGC 6853), AR 19h 56,6 min. / D +22º 43', 1993

MN 27：狐狸座 (NGC 6853) ，AR 19h 56,6 min. / D +22o 43'，1993 +28o 23'，1993

Joan Fontcuberta, Car Window, 1993

車窗，喬安·馮邱貝塔，1993

Other people's rejects can

他人的棄作，

become your masterpiece.

可以變成你的傑作。

在創意的產出過程中，有大量的廢棄物。被否決的點子、毫無結果的動腦會議、被劃上叉叉的頁面。每出現一個被拿出來秀的點子，就有上百個被否決掉的。

但是，別人半空的垃圾桶，也可以是你半滿的寶庫。只因被某人棄之不用，不代表它就毫無潛力。

藝術家喬辛・施密特（Joachim Schmid）就在這些撿來的影像中如魚得水。這些照片被原來的合法主人丟棄、遺失，或是捨棄。在他手中，原本看似平凡無奇的照片，其本來的內容與個性被切割之後，化成另一種引人注目的樣貌。

以下是一些他玩弄攝影棚裡常見肖像照，創造出的作品。

施密特拿一盒這種不要的底片，剪成兩半待用。他發現攝影棚拍攝這些肖像時，擺設的燈光、人物角度、還有相機位置，幾乎是一模一樣的。

於是他重新組合這些底片，把它們和另外相異的半邊組合起來，產生的視覺效果幾乎完美，結果美妙而令人難以置信。

施密特把其他攝影師不要的作品，變成自己的系列作，呈現出和諧的科學怪人式肖像。

就算某人沒有看出自己作品中的潛力，不見得你也不行。祕訣就是在創意的過程中保持心態開放，如此一來就能發現別人可能沒注意到的連續性、關聯性以及對比性。

搞不好你就中了靈感得頭彩呢。

Joachim Schmid, Photogenetic Drafts #8, 1991

照片基因草稿八號，喬辛‧施密特，1991

Joachim Schmid, Photogenetic Drafts #15, 1991

照片基因草稿十五號，喬辛・施密特，1991

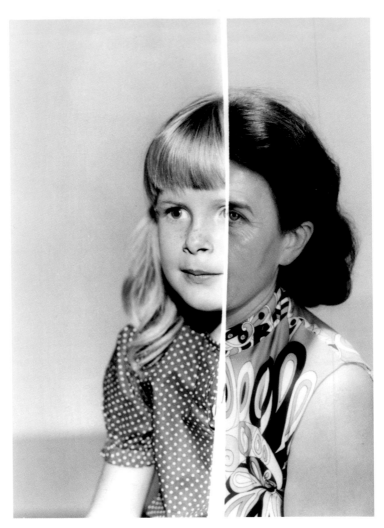

Photogenetic Drafts #24, 1991

照片基因草稿廿四號，喬辛·施密特，1991

Work on your

backyard.

在後院裡努力。

每個人都有個這樣的朋友：他家的前院經過精心整理，鮮豔的花朵排列整齊、樹籬修剪齊整，盆栽擺得像藝術一樣。

但是他家的後院正好完全相反：亂七八糟、沒有照顧，一大堆園藝工具亂堆在一起，雜草叢生、植物過度茂密。

這正是創意產出過程的具象化。

前院就像是已完成的作品，但是後院才是真正工作的地方。在後院裡，你可以穿著內衣亂晃、喃喃自語、試試這個那個、冒一些風險。要是沒有後院的努力，前院根本就不會存在。

我們都需要有個地方，在向世人展現我們的創意之前，先加以發展、測試。

在那裡，你可以培育種子，這些種子有一天會成長，足以放在前院展示給鄰居們看。

要是不行的話，總還有堆肥一途。

Don't

be boring.

不要讓人覺得無聊。

你都在哪裡找靈感？我們大部份的創意人都在一樣的地方找靈感：藝廊、攝影集、電影院、網站、雜誌，甚至是從同儕身上。這往往會導致雷同與平淡無奇。

不要和每個人一樣。這樣很無聊。

沒錯，在上述那些地方有很多東西可以發掘，但是何必自我設限呢？你身邊其實就有很多創意原料的來源。

德國藝術家彼得·皮勒 (Peter Piller) 就在日常生活中找靈感，而且是從看似不太可能找到的地方──地區小報。

就是在這種地區報的小宇宙中，他發現了有趣的東西：消防員制服上的高反光材質。

Peter Piller, Regionale Leuchten, 2005–10
彼得·皮勒，局部光，2005–10

這些材質不是用來增添美學原創性，而是在危急的時候發揮維繫生命安全的功能。但是在攝影師的閃光燈下，這些材質就炸了：消防員的腳是一團光球、女消防員胸部會發光，身體的一部份好像外星人。

這類的錯誤經常發生，把嚴肅的新聞照片變成古早科幻電影的一幕。

皮勒就在這種地方發現偶然的藝術性，而一般人只會把它當作錯誤而加以忽略，或者（如果你是在德國的地區報社工作）根本沒有注意到。

實在不費吹灰之力。

你只要記得注意看就行了。

Failure is the condiment that gives success its flavor.

失敗是讓成功
有滋有味的調料。

Truman Capote, author
楚門‧卡波提，作家

All Hail the Fail.

失敗萬歲。

要是你跟我有任何相像之處，那你也會每天至少一次被人當作白癡。

一點都沒關係。

因為犯錯、公然純粹的失敗、和淒慘攪和在一塊兒，這就是進步的方式。若非如此，你只會困在中庸以及「還好」之中；這樣你當然不會覺得緊張、丟臉，也不會慘遭羞辱，但你也不會被欣賞。

你只會⋯⋯

讓人覺得無聊。

若是你想要有創意，那就做原創的事，時不時讓某人大吃一驚、拋掉對於「看起來很蠢」的恐懼。

去尋找失敗吧。訓練自己在周遭尋找它。深入了解它、帶它去共度浪漫的週末。

失敗不會致命，甚至可以說正好相反。

失敗超級迷人的。

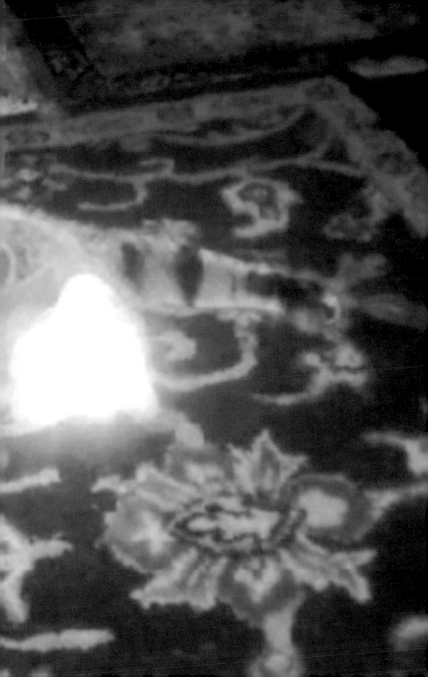

FAILED IT！犯錯的藝術

犯錯、公然純粹的失敗、和淒慘攪和在一塊兒，
這就是進步的方式。
FAILED IT !
How to turn mistakes into ideas and other advice for
successfully screwing up

作　　　者／艾瑞克·凱賽爾斯 (Erik Kessels)
譯　　　者／蔡宜真
責 任 編 輯／賴曉玲
版　　　權／吳亭儀、翁靜如
行 銷 業 務／林秀津、王瑜
總　編　輯／徐藍萍
總　經　理／彭之琬
發　行　人／何飛鵬
法 律 顧 問／元禾法律事務所 王子文律師
出　　　版／商周出版
　　　　　　地址：台北市中山區104民生東路二段141號9樓
　　　　　　電話：(02) 2500-7008　傳真：(02)2500-7759
　　　　　　E-mail：bwp.service@cite.com.tw
發　　　行／英屬蓋曼群島商家庭傳媒股份有限公司城邦分公司
　　　　　　台北市中山區104民生東路二段141號2樓
　　　　　　書虫客服服務專線：02-2500-7718·02-2500-7719
　　　　　　24小時傳真服務：02-2500-1990·02-2500-1991
　　　　　　服務時間：週一至週五09:30-12:00·13:30-17:00
　　　　　　郵撥帳號：19863813　戶名：書虫股份有限公司
　　　　　　讀者服務信箱：service@readingclub.com.tw
　　　　　　城邦讀書花園：www.cite.com.tw
香港發行所／城邦（香港）出版集團有限公司
　　　　　　香港灣仔駱克道193號東超商業中心1樓
　　　　　　E-mail：hkcite@biznetvigator.com
　　　　　　電話：(852) 25086231　傳真：(852) 25789337
馬新發行所／城邦(馬新)出版集團
　　　　　　Cité (M) Sdn. Bhd.
　　　　　　41, Jalan Radin Anum, Bandar Baru Sri Petaling,
　　　　　　57000 Kuala Lumpur, Malaysia
　　　　　　電話：(603) 9056-3833　傳真：(603) 9056-2833
設　　　計／張福海
印　　　刷／卡樂彩色製版印刷有限公司
總　經　銷／聯合發行股份有限公司
　　　　　　地址／新北市231新店區寶橋路235巷6弄6號2樓
　　　　　　電話：(02) 2917-8022
　　　　　　傳真：(02) 2911-0053

■2017年12月21日初版　　　Printed in Taiwan
定價／360元
ISBN 978-986-477-255-1　　　著作權所有·翻印必究

國家圖書館出版品預行編目(CIP)資料

FAILED IT！犯錯的藝術：犯錯、公然純粹的失
敗、和淒慘攪和在一塊兒，這就是進步的方式
/艾瑞克·凱賽爾斯 (Erik Kessels) 作. -- 初版
-- 臺北市：商周出版：家庭傳媒城邦分公司發行
2017.12　　面；　公分
譯自：FAILED IT！How to turn mistakes into
ideas and other advice for successfully screwing
up
ISBN 978-986-477-255-1(平裝)
1.成功法

177.2　　　　　106008293

U0040810